LK 2971.

# PROCEZ VERBAL DE LA VISITE

Faite par Monseigneur l'Illustrissime & Reverendissime Evêque, & Seigneur de Beziers, de la Chapelle du Convent des Freres Mineurs Conventuels de la Ville de Gignac.

20. 7.$^{bre}$ 1677.

A PARIS,
Chez FEDERIC LEONARD, Imprimeur ordinaire du Roy, & du Clergé de France.

---

M. DC. LXXVIII.
*Avec Privilege du Roy.*

*Extrait du Privilege du Roy.*

LE Roy par ses Lettres Patentes a permis à Federic Leonard son Imprimeur ordinaire & du Clergé de son Royaume, d'imprimer, vendre & debiter tous les *Edits, Declarations, Arrests, Remonstrances, & generalement toutes les choses qui luy seront baillées par les Assemblées generales ou par les Agens Generaux du Clergé de France*, & ce pour le temps & espace de vingt ans. Avec défenses à tous autres de les imprimer, faire imprimer, contrefaire, ny d'en avoir d'autres que de l'Impression dudit Leonard, à peine de six mille livres d'amende, confiscation des Exemplaires, dépens, dommages & interests, comme il est porté plus au long par lesdites Lettres; Données à Saint Germain en Laye le quatriéme Decembre, l'an de grace mil six cens soixante-quatorze. Et de nostre Regne le trente-deuxiéme: Par le Roy en son Conseil ; Signé, DESVIEVX. Et scellées.

# PROCEZ VERBAL
de la Visite faite par Monseigneur l'Illustrissime & Reverendissime Evêque & Seigneur de Beziers, de la Chapelle du Convent des Freres Mineurs Conventuels de la Ville de Gignac.

LE Lundy vintiéme jour de Septembre mil six cens soixante & dix-sept, continuant nôtre visite dans la ville de Gignac: Nous avons envoyé Maître Joseph Mejan, de ladite Ville de Gignac, Clerc tonsuré de nôtre Dioceze, pour signifier au Gardien desdits Freres Mineurs, & à tout le Convent étably proche les portes de la Ville & hors les murs d'icelle, l'Ordonnance particuliere de la visite, que Nous desirions faire de leur Chapelle, & en icelle de toutes les choses, qui de droit ou de coûtume doivent être par Nous visitées, conformément à nôtre Ordonnance generale, qui avoit esté publiée un mois auparavant, de laquelle Ordonnance particuliere, voicy les termes.

ARMAND JEAN DE ROTONDY DE BISCARAS, Par la misericorde de Dieu, & d'autorité Apostolique, Evêque & Seigneur de Beziers: aux Gardien & Religieux Conventuels de saint François, du Convent de Gignac en nôtre Dioceze;

Salut & benediction en nôtre Seigneur JESUS-CHRIST. Ayant fait publier l'Ordonnance, portant indiction de la visite generale de toutes les Eglises de nôtre Dioceze, & voulant visiter en particulier toutes les choses, qui de droit ou de coûtume doivent être par Nous visitées; Nous vous mandons par ces presentes, que Nous serons demain vint-unième Septembre, à sept heures du matin devant la grande porte de vôtre Eglise, pour proceder à ladite visite particuliere; vous enjoignant de vous y trouver accompagné de tous les Religieux de vôtre Communauté, pour Nous y recevoir processionellement, & suivant la rubrique du Rituel Romain, & y répondre aux interrogatoires, qui vous seront faites, sur les peines de droit, commettant le premier Prêtre ou Clerc tonsuré requis pour l'intimation des presentes. Donné à Gignac en cours de visite, le vingtiéme Septembre mil six cens soixante & dix-sept. Signé, ARMAND JEAN DE BISCARAS Ev. & Seigneur de Beziers.

*Et plus bas par mondit Seigneur,*
LAFFON Secretaire.

LEdit M$^{re}$ Joseph Mejan estant de retour, Nous a rapporté, que s'estant transporté au Convent des Cordeliers Conventuels, en execution de Nôtre ordre; il a parlé au Gardien dudit Convent, auquel il a signifié Nôtre Ordonnance, de laquelle luy ayant voulu laisser copie, ledit Gardien luy auroit dit n'en avoir pas besoin: mais qu'il Nous verroit, ainsi qu'il resulte de la signification d'icelle, dont voicy la teneur.

L'an mil six cens septante-sept & le vingtiéme Septembre, par moy Clerc tonsuré soussigné, resident dans la Ville de Gignac, l'Ordonnance derniere écrite a esté notifiée & signifiée aux Frere Gardien & Religieux Conventuels de saint François, du Convent dudit Gignac, parlant audit Frere Gardien, lequel trouvé en personne dans ledit Convent, a répondu qu'il viendroit voir Monseigneur de Beziers, & n'a pas voulu prendre copie de l'Ordonnance, & notification d'icelle: en foy de quoy me suis signé, Mejan, Et aprés il ademandé copie de ladite Ordonnance & notification d'icelle & la luy ay donnée: en foy dequoy me suis derechef signé, Mejan. Et 2. heures aprés ledit Mejan seroit retourné vers Nous, pour Nous dire que lesdits Freres Mineurs estoient allez à sa maison luy demander copie de Nôtredite Ordonnance, laquelle il leur auroit donné, ainsi qu'il appert par son certificat cy-dessus.

Etant retourné environ une heure aprés de la visite de l'Eglise Paroissiale & des Penitens, le Provincial desdits Freres Mineurs Conventuels seroit venu vers Nous, & Nous auroit exposé qu'il revenoit de Rome, où il luy avoit esté défendu par Monseigneur le Cardinal Chigi de laisser visiter les Eglises de son Ordre, par autre que par luy Provincial, conformément aux saints Decrets de la Congregation, ce qui Nous auroit obligé de representer audit Provincial nommé Refreger, avec toute la douceur & la charité dont Nous sommes capables, que le Concile de Trente & les Reglemens des Assemblées generales du Clergé de France, obligeoient les Evê-

A iij

ques à visiter toutes les Eglises même exemptes, & nonobstant toute sorte de Privileges : à quoy il Nous auroit répondu, qu'il ne pretendoit pas de s'y soumettre, & que Nous n'avions aucun droit de visiter lesdites Eglises ; alors Nous luy aurions dit que nôtre Croix Nous le donnoit tout entier, & que les Declarations du Roy authorisoient l'execution de cette fonction, ce qui auroit esté receu avec si peu de respect dudit Provincial, que mettant la main sur le devant de son Capuce ou Mozette, il Nous auroit dit que c'estoit de là qu'il tiroit son droit. Surquoy touché de cette foiblesse, & de ce que Nous devons à nôtre Dignité, & attendu que c'estoit en presence de plusieurs personnes ; Nous aurions mieux aimé luy donner lieu de se retirer, que de luy faire connoistre l'égarement de sa conduite, dans la crainte de l'engager dans un plus grand mépris du caractere Episcopal, Nous estant contentez de luy dire que Nous serions le lendemain vingt-uniéme à l'heure marquée par nôtre Ordonnance à la porte de ladite Chapelle, où Nous luy enjoignons, ou au Gardien qui l'accompagnoit, de Nous recevoir avec tous les Religieux, selon les formes portées dans le Rituel Romain. Luy declarant que nôtre intention n'estoit pas de visiter l'interieur du Convent, mais seulement les choses qui concernent les Sacremens, qu'ils administroient à nos Diocesains.

Le lendemain vingt uniéme dudit mois de Septembre, dans le moment que Nous sortions de nôtre Chambre, pour Nous acheminer au Convent desdits Freres Cordeliers à l'heure marquée par nôtre Ordonnance d'hier, nôtre Promoteur Nous auroit presenté un acte fait par Notaire, au nom du Syndic dud. Convent, dans lequel il expose pour estre signifié, tant à Nous Evêque, qu'à nôtre Promoteur ; afin que Nous n'en pretendions cause d'ignorance, qu'attendu que le Provincial vient de faire sa visite formelle, & qu'ils ont des privileges accordez à tous les Religieux, qu'il proteste de nullité de tout ce que Nous ferons ; & en appelle comme d'abus.

Ledit Promoteur Nous ayant requis, que s'agissant de Police & discipline Ecclesiastique & de l'execution des Regles de l'Eglise, & que tous appels d'Ordonnances faites en visite, ne sont que devolutifs & non suspensifs, sans avoir égard audit acte, & sans prejudice des conclusions qu'il auroit à prendre en temps & lieu contre la teneur d'iceluy, comme contenant des choses injurieuses à nôtre caractere, il Nous plût de continuer nôtre marche, attendu que l'heure indiquée par nôtredite Ordonnance particuliere commençoit à passer : A quoy ayant égard, Nous aurions continué nôtre marché vers ledit Convent desdits Freres Mineurs Conventuels, accompagné de M<sup>e</sup> Louis de Massauve Docteur en Theologie, Chanoine & Theologal de saint Pons de Thomieres, de nôtre Promoteur d'Office, du Vicaire de la Paroisse de Gignac, & de plusieurs autres Ecclesiastiques ; du Sieur Laures Conseiller du Roy, & son Viguier en la Viguerie dudit Gignac, des Consuls en robbe rouge, suivi des principaux Habitans, de beaucoup de Bourgeois, & d'un grand nombre de peuple, parmy lesquels il y avoit même plusieurs personnes des lieux circonvoisins, & serions arrivé à la porte de ladite Chapelle, où Nous n'aurions trouvé qu'un Frere Convers dud. Convent, à qui Nous aurions enjoint sur la requisition de nôtredit Promoteur, d'avertir le Gardien du Convent de Nous venir recevoir avec ses Religieux, ainsi qu'il estoit porté par nôtredite Ordonnance d'indiction particuliere, le faisant pour plus grande precaution accompagner dudit M$^e$ Joseph Mejan, Clerc tonsuré revêtu de son surplis. A quoy ayant obey, & Nous ayant rapporté que personne n'avoit voulu répondre, quelque diligence qu'il ait faite, ayant sonné la cloche, & heurté à la porte. Nôtredit Promoteur Nous auroit requis de le faire avertir une seconde fois en la susdite forme, ce qui n'ayant pas eu plus de succez, que la premiere fois, on auroit continué & fait faire sur les requisitions dudit Promoteur jusques à la quatriéme monition Canonique, ce qui ayant esté pareillement sans effet. Nous aurions ordonné sur la requisition de nôtredit Promoteur, & attendu que ledit Sieur Viguier, Magistrats, principaux Habitans, & tout le peuple murmuroit, & estoit indigné de voir nôtre dignité exposée à un mépris si extraordinaire, Nous aurions enjoint à M$^{re}$ Bric Vicaire perpetuel de ladite Paroisse de Gignac, de se mettre en devoir de Nous recevoir dans ladite Chapelle, à quoy à l'instant il auroit obey, & fait les Ceremonies en tel cas requises, aprés que Nous aurions esté revestu de l'Amict pluvial, Mitre, & que Nous aurions pris la Crosse; Ensuite dequoy estant parvenu à l'Autel, & les Oraisons ayant esté chantées

tant

tant par Nous que par ledit Vicaire. Nous aurions donné la Benediction folemnelle, & Nous estant assis au milieu de l'Autel sur un fauteüil, Nous aurions declaré à tous les Assistans, que nôtre intention n'estoit pas de prendre aucune connoissance de l'interieur de la maison desdits Religieux, de leur regularité, ny de l'observance de leurs Regles, mais seulement conformément à nôtre Ordonnance, de visiter les choses, qui par Nous devoient estre visitées, ensuite dequoy nôtredit Promoteur Nous ayant requis de proceder à la visite du S. Sacrement, Nous aurions demandé audit Frere Convers, qui Nous a dit s'appeller Frere Pradines, de Nous donner la clef du Tabernacle, pour visiter le S. Sacrement, il Nous a répondu qu'il ne l'avoit pas; Nous luy avons demandé si on donnoit la Communion dans cette Chapelle aux Laïques, à quoy il a répondu qu'on la donnoit tres souvent, & tout autant de fois qu'on la demandoit, ce qui Nous auroit obligé sur les requisitions de nôtredit Promoteur, d'enjoindre audit Frere Pradines d'aller en compagnie dudit Mre Joseph Mejan, demander la clef dudit Tabernacle au Gardien Sacristain, ou tel autre qui la pourroit avoir, à quoy ayant esté obey par ledit Frere Pradines, jusques à quatre fois sur les requisitions de nôtre Promoteur, & estre allé vers la porte dudit Convent, & estre revenu autant de fois vers Nous, sans Nous rapporter ladite clef, Nous disant pour toute réponse qu'il ne pouvoit pas entrer dans le Convent, attendu que la porte estoit fermée à double tour, & qu'on ne vouloit pas répondre; ayant fait

B

même remarquer à toute l'assistance que la Lampe qui brûle jour & nuit devant le Saint Sacrement avoit esté ostée, & que les Chandeliers estoient sans Cierges, ce qui l'a fort scandalisée. Nous Nous serions ensuite transporté dans les Chapelles particulieres, où Nous aurions trouvé des Tombeaux placez tres irregulierement les uns à demy pied de l'Autel, & les autres touchant même les marche-pieds desdits Autels, & en même temps Nous aurions examiné un Confessionnal, dont les grilles sont faites en telle maniere, qu'on peut y passer la main toute entiere, n'y ayant pas d'images aux costez d'iceluy, non plus que les cas reservez dans nôtre Dioceze à la place du Confesseur, que dans d'autres Chapelles ils se servent d'une chaise, qu'on porte tantost dans un endroit, & tantost dans un autre, pour confesser les Laïques, ainsi qu'il Nous a esté dit par ledit Frere Pradines; desquelles Chapelles estant remonté au Maître Autel, accompagné comme dessus: Nous aurions esté requis par le Promoteur, qu'attendu la desobeyssance formelle, qui estoit allée jusques à une contumace fort scandaleuse, il Nous plût declarer ledit Gardien appellé Alexis, & autres Religieux suspends *à divinis* dans toute l'étenduë de nôtre Diocese, excepté dans la Chapelle de leur Convent, avec inhibitions & deffenses sous les peines de droit d'y administrer les Sacremens de Penitence, & d'Eucharistie à aucun de nos Diocesains, mais tant seulement à leurs Religieux; auquel effet il Nous requeroit d'ordonner que la grande porte de ladite Eglise demeureroit fermée, & deffendu sous peine d'excommunication encourable par le seul fait à nos Diocésains, d'entrer dans ladite Chapelle & d'y recevoir les susdits Sacremens, & d'y entendre la parole de Dieu, & aux Sœurs appellées du tiers Ordre, d'y faire aucun exercice, leur permettant pour leur consolation de s'assembler chaque Dimanche, à une heure aprés midy sous la direction du Vicaire Perpetuel de la Paroisse; Ausquelles requisitions ayant égard, aprés avoir invoqué la grace du S. Esprit, eüe meure deliberation, & pris l'avis des personnes pieuses & éclairées, qui estoient autour de Nous, aprés avoir témoigné aux Assistans nôtre douleur de l'opiniâtreté & desobeïssance desdits Religieux, dont ils estoient scandalisez : Aurions declaré & declarons ledit Gardien & autres Religieux suspens *à divinis* dans toute l'étendue de nôtre Diocese, excepté dans la Chapelle de leur Convent, avec inhibitions & deffenses sous les peines de droit d'y administrer les Sacremens de Penitence, & d'Eucharistie, à aucun de nos Diocésains, mais tant seulement à leurs Religieux. Avons ordonné & ordonnons, que la grand'Porte de l'Eglise demeurera fermée, & deffendons sur peine d'excommunication encourable par le seul fait à nos Diocésains, d'entrer dans ladite Chapelle, d'y recevoir lesdits Sacremens, & d'y entendre la parole de Dieu : & aux Sœurs appellées du tiers Ordre d'y faire aucun exercice, leur permettant pour leur consolation de s'assembler chaque Dimanche à une heure aprés midy sous la direction du Vicaire Perpetuel de la Paroisse ; le tout avec imploration du bras Seculier en ce que de droit. Et ensuite nôtredit Promoteur, Nous ayant exposé, qu'il estoit venu à sa connoissance, qu'il y avoit au dehors de ladite Chapelle, & joignant les murs desdits Convent & Chapelle un Cimetiere, dans lequel lesdits Freres faisoient souvent des Enterremens, & requis de Nous y transporter aux fins de le visiter. Nous Nous serions transportez dans ledit Cimetiere, accompagné comme dessus, où estant, & ayant procedé à la visite d'iceluy, Nous y aurions trouvé plusieurs Meuriers, qu'il servoit de grand chemin, qu'il y avoit une bréche, & que la grande Porte dudit Cimetiere ne se fermoit pas, Nous ayant requis ledit Promoteur d'interdire ledit Cimetiere, tant à cause de la rebellion desdits Religieux, que parce que ledit Cimetiere n'estoit pas dans l'ordre prescrit par les Saints Canons, & par les Reglemens Generaux de nôtre Diocese, ausquelles requisitions ayant égard, Nous aurions de l'avis des personnes susdites declaré ledit Cimetiere interdit, n'ayant voulu requerir les sieurs Viguier & Consuls d'interposer leur autorité, pour Nous faire obeyr dans une action si juste, quoy qu'ils s'y offrissent avec beaucoup de zele, pour laisser ausdits Religieux d'autant plus de moyens de revenir à eux, & marquer d'autant plus la moderation de nôtre Ministere, ce qu'estant fait Nous aurions quité nos habits Pontificaux, & Nous Nous serions mis en chemin pour retourner à la Paroisse en Rochet, Camail, & Estolle, accompagné comme dessus : à la porte de laquelle estant arrivé, Nous aurions dit aux sieurs Viguier, Consuls & autres Assistans, que Nous dresserions nôtre present Procez Verbal, & que

Nous les prierions de le signer avec Nous; ce qu'ils Nous ont promis de faire, & Nous serions entré dans l'Eglise environ sur les dix heures du matin, pour y dire la Messe, mandant au premier Clerc tonsuré de faire signifier ausdits Cordeliers, nostre presente Ordonnance.

ARMAND JEAN DE BISCARAS,
Ev. & Seigneur de Beziers.

De Massauve, Chanoine & Theol. de S. Pons, Bric Vic. de Gignac, Privat Prestre, Riviere Prestre, Besombes Prestre, Guibal, Mejan.
*Par Monseigneur*, LAFFON Sec.

---

*L'AN mil six cens soixante-dix-sept & le 21. jour du mois de Septembre, par moy Clerc tonsuré soussigné, resident en la presente Ville de Gignac, l'Ordonnance cy-derniere a esté notifiée & signifiée au Frere Gardien & Religieux Conventuel de la Ville dudit Gignac, selon sa forme & teneur, avec le Procez Verbal, où elle est contenuë: & ledit Frere Gardien trouvé en personne, m'a requis luy en donner copie, & la luy ay donnée & me suis signé*, MEJAN.

Controollé à Gignac ce 23. Septembre 1677.
COUSTOLZ pour le Commis.

Le 12. Mars 1678. signifié à Delmas Procureur des Freres Mineurs de Gignac.
CEUQUEL.

B iij

# REQUESTE DU PROMOTEUR

*A Monseigneur l'Illustrissime & Reverendissime Evêque & Seigneur de Beziers.*

SUPPLIE humblement le Promoteur pris d'Office, que quoyqu'il ait esté deffendu par vôtre Ordonnance du vingt-uniéme du present mois de Septembre, aux Freres Mineurs Conventuels de la presente Ville de Gignac, de faire aucune fonction dans leur Chapelle ny dans le Cimetiere joignant la grande porte de leur Chapelle, & la muraille de leur Convent, qui puisse regarder directement ou indirectement vos Diocesains ; tant pour l'administration de la parole de Dieu, & des Sacremens de Penitence, & d'Eucharistie, que pour les Enterremens, pour raison dequoy il leur auroit esté ordonné de tenir la porte de leur Eglise fermée, & de ne faire aucunes fonctions que celles qui peuvent regarder lesdits Religieux : laquelle Ordonnance leur auroit esté signifiée par M.ᵉ Mejan le vingt-deuxiéme jour dudit mois : si est-ce neanmoins que lesdits Freres Mineurs Conventuels au prejudice de ladite Ordonnance, & au grand scandale des habitans de ladite Ville de Gignac, tiennent la porte de leurdite Chapelle ouverte, pour y attirer les habitans, ausquels dans le cours de la Visite que vous avez faite de ladite Chapelle le vingt-uniéme de ce mois vous avez deffendu sous peine d'excommunication encouruë par le seul fait, d'aller recevoir aucun Sacrement, ny d'assister à aucuns des Offices, qui pourroient estre celebrez dans ladite Chapelle. CE CONSIDERE', plaira de vos graces, MONSEIGNEUR, Ordonner que reïterative deffense sera faite ausdits Freres Mineurs Conventuels d'ouvrir la porte de leurdite Chapelle, & qu'il leur sera enjoint de la tenir fermée, jusques à ce que par vôtre Grandeur en ait esté autrement Ordonné, & que cependant il sera enquis des Contraventions par le premier Prestre approuvé dans vôtre Diocese, & ferez justice.

MARIOTTE.

Soient faites les deffenses requises, & des Contraventions enquis, par M<sup>re</sup> Privat Prestre de Gignac. Fait audit Gignac dans le cours de nostre Visite, le 23. Septembre 1677.

ARMAND JEAN DE BISCARAS,<br/>Ev. & Seign. de Beziers.

*L'An mil six cens soixante-dix-sept & le 25. jour du mois de Septembre, par moy Clerc tonsuré soussigné, resident en la presente Ville de Gignac, l'Ordonnance cy-derniere a esté notifiée & signifiée au R. P. Gardien & Religieux Conventuels de la Ville dudit Gignac, selon sa forme & teneur, de laquelle Ordonnance ledit Pere Gardien m'a requis de luy donner copie, ce que j'ay fait.*

MEJAN.

Controollé à Gignac, ce 26 Septembre 1677.

COUSTOLZ, pour le Commis.

# EXTRAIT DES REGISTRES
## de Parlement.

ENTRE le Syndic des Religieux Conventuels de l'Ordre saint François du Convent de Gignac, Dioceze de Beziers, impetrant par Letres Royaux du        Octobre mil six cens soixante-dix-sept, à ce qu'attendu que Messire ARMAND JEAN DE ROTONDY DE BISCARAS, Evêque & Seigneur de Beziers, a entrepris d'aller visiter l'Eglise de leur Convent avec les Chapelles, qui sont dans icelle, & le Cimetiere en dépendant ; & qu'ils sont exempts de la Visite & Jurisdiction des Evêques, tant par les Sacrez Decrets & Conciles, que par la coûtume immemoriale du Royaume, à laquelle ils ne peuvent pas déroger, n'admetant lesdits Religieux la visite d'autres Superieurs, que de leur Provincial. Il plaise à la Cour les recevoir appellans comme d'abus, des Ordonnances renduës par ledit Sieur Evêque de Beziers, le vingtiéme & vingt-uniéme Septembre dernier, & de toute son entiere procedure : & sans avoir égard ausdites Ordonnances, ny à tout ce qui s'en est ensuivy, lesdits Religieux soient maintenus en leurs Privileges & exemptions, & que inhibitions & deffenses soient faites audit Sieur Evêque, & ses Successeurs, de s'ingerer de faire la visite dans leur Eglise & Chapelle d'icelle, ny Cimetiere, ny sous pretexte de ce jetter aucune suspension, ny interdit contre ledit Monastere & Religieux

&

& autrement, ledit Syndic demandeur ensuite de l'Arrest de la Cour du cinquiéme Novembre aussi dernier, qui renvoye les parties en jugement sur la Requeste par luy presentée le quatriéme du même mois, en cassation par attentat, & entreprise de l'Ordonnance renduë par ledit sieur Evêque, le 23. dudit mois de Septembre dernier; ensemble de la publication faite au Prône de l'Eglise dudit Gignac, par M$^{re}$ Bric Vicaire dudit lieu, & de tout ce qui s'en est ensuivy, & cependant qu'il fust permis aux habitans dudit Gignac & autres Religieux, d'aller prier Dieu, confesser & communier dans l'Eglise dudit Convent, même y chercher leur sepulture, & faire enterrer les morts dans ladite Eglise, & Cimetiere; & qu'il soit permis ausdits Religieux d'y prêcher la parole de Dieu, & faire le service divin & administrer les Sacremens, & ailleurs où besoin seroit, comme ils faisoient auparavant : avec deffenses tant audit sieur Evêque qu'audit de Bric & autres, de à ce leur donner aucun trouble ny empêchement, à peine de quatre mil livres & autre arbitraire, & des contraventions enquis, avec inhibitions aux Consuls de Gignac & tous autres Magistrats, de à ce leur prêter aide & main forte, à peine de desobeïssance d'une part; & ledit sieur Evêque de Beziers deffendeur d'autre : & entre lesdits habitans de ladite Ville de Gignac, Supplians par Requeste du seiziéme Mars dernier, pour estre receus parties intervenantes en ladite Instance, ce faisant, sans avoir égard à l'Ordonnance dudit sieur Evêque, ils soient maintenus en la faculté de se faire ensevelir aprés

C

leurs decez dans leurs Tombeaux qu'ils ont, desquels leurs Ancêtres ont jouy dans ladite Eglise & Cimetiere du Convent desdits Religieux, avec deffenses audit sieur Evêque & tous autres, de leur donner aucun trouble ny empêchement, à peine de mil livres & autre arbitraire avec dépens, d'une part; & ledit sieur Evêque de Beziers deffendeur, d'autre. La cause judiciellement plaidée pendant trois Audiences les vingt neuviéme & trente-uniéme Mars dernier, & ce jourd'huy: Ouys Pujol avec Delmas, pour ledit Syndic & Religieux Conventuels de Gignac, Tholosani Lassesquiere, avec reste pour les habitans dudit Gignac, Chassan avec la Roche, pour ledit sieur Evêque de Beziers, ensemble le Procureur General du Roy &c. LA COUR euë deliberation faisant quant à ce droit, sur la Requeste presentée par les parties de Lassequiere, les a receuës & reçoit parties intervenantes en l'Instance, en état & sans avoir égard au surplus d'icelle, ny aux Lettres en appellation comme d'abus, & Requeste de la partie de Pujol, demeurant le Regiftre chargé de la Declaration faite par la partie de Chassan dans son Procez Verbal de visite, & par ledit Chassan reïterée, comme il n'a pas pretendu prendre aucune connoissance de l'interieur de la maison desdits Religieux, de leur regularité, discipline, ny de l'observance de leurs Regles; mais seulement ce qui regarde l'administration des Sacremens aux personnes seculieres; A declaré & declare en la procedure de visite faite par ladite partie de Chassan, & en l'Ordonnance par elle renduë le vingt-troisiéme Septembre de l'année derniere mil six cens soixante-dix-sept, n'y avoir point d'abus : Condamne ladite partie de Pujol aux dépens envers le Roy, moitié moins envers ladite partie pour ses dommages & interests, les dépens compensez à l'égard desdites parties de Lassequiere. Fait & dit à Thoulouse en Parlement le quatriéme Avril mil six cens soixante-dix-huit. Signé, DE LACROIX, Collationnné, LACOMBE.

## PROCEZ VERBAL

de la Visite faite aprés l'Arrest du Parlement de Thoulouse, du quatre Avril, par Monseigneur l'Illustrissime & Reverendissime Evêque & Seigneur de Beziers, de la Chapelle du Convent des Freres Mineurs Conventuels de la Ville de Gignac.

ARMAND JEAN DE ROTONDY DE BISCARAS par la grace de Dieu, & d'authorité Apostolique, Evêque & Seigneur de Beziers. Les Freres Mineurs Conventuels de la Ville de Gignac de nôtre Diocese ayant interjetté appel comme d'abus de nostre Ordonnance du 20. Septembre dernier, portant indiction de Visite de la Chapelle de leur Convent, le Parlement de Thoulouse par Arrest contradictoire du quatriéme Avril dernier auroit declaré n'y avoir abus dans nôtre Ordonnance, ny en toute nostre procedure des vingt-un & vingt-trois du même mois, avec dépens à nostre profit la taxe reservée, & l'amande ordinaire envers le Roy, moitié moins envers Nous. Un Arrest si juste ayant fait rentrer lesdits Religieux dans leur devoir, ils seroient venus plusieurs fois de la Ville de Gignac dans noſtre Palais Epiſcopal de la Ville de Beziers, Nous proteſter de leurs ſoumiſſions, & Nous informer qu'ils avoient déja fermé leur Egliſe, & fait ceſſer la ſonnerie de leurs cloches, & qu'ils gardoient noſtre interdit dans toute ſon étenduë, qu'ils eſtoient preſts d'acquieſcer entierement à l'Arreſt, & qu'ils Nous ſupplioient de recevoir favorablement la Requeſte qu'ils Nous preſentoient : A quoy ayant égard, conſiderant la ſincerité de leur proteſtations, leur douleur de la deſobeïſſance paſſée, dans laquelle ils pouvoient s'eſtre engagez autant par trop de credulité pour de mauvais Conſeils, que par aucun autre motif : croyant même ne pouvoir jamais donner aſſez de marques de noſtre moderation ; Nous aurions favorablement receu ladite Requeſte qui Nous eſtoit preſentée au nom de la Communauté deſdits Religieux par Frere Bonaventure leur Syndic, en ces termes,

*A Monſeigneur l'Illuſtriſſime & Reverendiſſime Evêque & Seigneur de Beziers.*

SUpplie humblement Frere Alexis Aſtrier Gardien des Freres Mineurs Conventuels de l'Ordre de Saint François de la Ville de Gignac dans voſtre Dioceſe, & la Communauté dudit Convent : Diſant que Voſtre Grandeur voulant viſiter la Chapelle de leur Monaſtere, en auroit fait avertir les Supplians par ſon Ordonnance d'indiction de la Viſite particuliere de ladite Chapelle, en datte du vingtiéme Septembre dernier, & que faute de s'eſtre preſentés pour la recevoir à la porte de ladite Chapelle avec les ceremonies prescrites par le Pontifical & le Rituel Romain; & à raison du refus de la clef du Tabernacle où repose le Tres Saint Sacrement de l'Autel; de l'indecence des sepultures qui sont dans les Chapelles au dessous, ou trop prés des Autels, des Confessionnaux qui n'ont pas esté trouvez en tel état que de droit, que le Cimetiere n'estoit pas fermé, ains complanté de Meuriers en forme d'allée, & que d'ailleurs ledit Gardien & Communauté sommez par plusieurs monitions Canoniques de venir se presenter pour répondre sur ces chefs, auroient demeuré dans l'interieur du Convent sans vouloir comparoistre : ledit Gardien & Religieux de la Communauté administrans les Sacremens dans vôtre Diocese auroient esté suspendus *à divinis* dans toute l'étenduë de vostre Diocese, la Chapelle & Cimetiere interdits ; & Vostre Grandeur auroit fait défense à ses Diocesains de l'un & de l'autre sexe d'entrer dans ladite Chapelle, pour y entendre la sainte Messe, les Offices Divins, la parole de Dieu, sur peine d'excommunication encourable par le seul fait : de sorte que les Supplians ayant relevé appel comme d'abus de vos Ordonnances & de l'entiere procedure faite par Vostre Grandeur. Le Parlement de Thoulouse par son Arrest du quatriéme Avril dernier auroit declaré n'y avoir pas d'abus ausdites Ordonnances : Et d'autant que les Supplians reconnoissent avoir failli en ne se soûmettant pas à vos Ordres, & qu'ils acquiescent ausdites Ordonnances, & declarent n'en vouloir relever aucun autre appel, ny reclamer contre icelle contre ledit Arrest en quelque maniere que ce soit reconnoissant le droit que Vostre Grandeur a eu de faire ladite visite, à l'exception neanmoins de l'interieur de la maison, & de la discipline reguliere, attendu cette Declaration, & celle qu'ils font encore à Vostre Grandeur, qu'ils se soumettent entierement; Il Vous plaise, MONSEIGNEUR, les absoudre de la suspension contre eux laxée, & lever l'interdit jetté sur ladite Chapelle & Cimetiere, & les Supplians prieront Dieu pour la prosperité de Vostre Grandeur, Signé, Frere Bonaventure, Alibert Syndic, F. Alexis Astrieres Gardien, F. Estienne Vidal, F. Pradines.

Soit montré à nostre Promoteur, à Beziers dans nostre Palais Episcopal le dixiéme May mil six cens soixante-dix-huit, Signé, ARMAND JEAN DE BISCARAS Ev. de Beziers.

Le Promoteur qui a veu la Requeste cy-dessus, attendu les Delarations & Acquiscement portez qar iceluy, n'entend empêcher l'absolution & la levée de l'interdit de Visite demandée. Fait à Beziers le dixiéme May mil six cens soixante-dix-huit. signé, de Villa Promoteur.

VEU la Requeste & Conclusions de nostre Promoteur, NOUS Ordonnons qu'il sera pourvû sur les lieux aux fins d'icelles: Auquel effet Nous Nous transporterons à la Chapelle desdits Freres Mineurs Conventuels de Gignac le Dimanche quinziéme du present mois. Donné à Beziers dans nostre Palais Episcopal le onziéme May mil six cens soixante-dix-hnit. Signé, ARMAND JEAN DE BISCARAS Ev. de Beziers; *Et plus bas*, de l'Ordonnance de Mondit Seigneur BARTAS.

En execution de noftre Ordonnance mife au pied de ladite Requefte, eftant parti de noftredit Palais Epifcopal le quatriéme dudit mois de May accompagné de M^re Louis de Maffauve Docteur en Theologie, & de nos Aumôniers, le Frere Alexis Gardien dud. Convent fuivi de deux de fes Religieux feroient venus à un quart de lieuë de la Ville de Gignac, & Nous auroit renouvellé au nom de toute la Communauté les proteftations & foumiffions contenuës dans ladite Reqnefte, & la joye de noftre arrivée, ce qu'il auroit fait encore avec toute fa Communauté à l'inftant de noftre arrivée environ fur les fix heures du foir dans la maifon du fieur Laurés Viguier pour le Roy dans la Viguerie dudit Gignac où Nous aurions efté invité de loger. Lefd. Gardien & Religieux eftans revenus le lendemain quinziéme à fept heures du matin dans la maifon dudit fieur Viguier, pour y recevoir plus particulierement nos Ordres, & s'inftruire de ce qu'ils devoient faire conformément au Pontifical & Rituel Romain pour noftre reception, Nous l'aurions renvoyé à fondit Convent aprés l'avoir informé de noftre intantion, & ayant efté averti par un de nos Aumôniers, que l'heure affignée pour noftre Marche vers ladite Chapelle avoit fonné, que le Vicaire perpetuel de la Paroiffe affifté de douze ou quinze Ecclefiaftiques, tant de ladite Paroiffe que des voifines, eftoient dans la Salle avec les fieurs Viguier, Procureur du Roy & Confuls en robbe rouge, & les principaux habitans, pour Nous accompagner; Nous ferions defcendu en Rocher & Camail: Et ayant trouvé devant la porte de ladite

dite maison un grand nombre de personnes de l'un & l'autre sexe disposez à Nous suivre, Nous Nous serions acheminez vers le Convent desdits Religieux, à la porte duquel Nous aurions trouvé le Gardien à la teste de sa Communauté, qui Nous auroit de rechef asseuré de leur soumission, & renouvellé en termes tres respectueux la priere contenuë dans ladite Requeste : sur quoy ledit sieur de Massauve Promoteur pris d'Office Nous auroit requis, attendu ce que dessus, de vouloir lever l'interdit de ladite Chapelle & du Cimetiere, afin que les Religieux fussent en état de Nous recevoir à l'effet de nôtre Visite avec les ceremonies en tel cas accoutumées ; Nous disant droit sur les fins de ladite Requeste, supplication verbale dudit Gardien & Communauté, & sur la requisition dudit Promoteur, aurions levé l'interdit jetté cy devant par Nous, permis de faire les Offices divins dans ladite Chapelle & les enterremens audit Cimetiere en la forme ordinaire, & Ordonné que la grande porte de ladite Chapelle, que les Relegieux Nous avoient asseuré avoir demeurée fermée depuis plus d'un mois, seroit ouverte, que les cloches seroient sonnées, & que lesdits Religieux viendroient processionnellement Nous recevoir dans les formes accoûtumées. A l'instant Nous estant fait revestir par nos Aumôniers de nos habits Pontificaux, ledit Frere Alexis Gardien ayant pris le Surplis & la Chape à la teste des Religieux de sa Communauté, Nous auroit presenté la Croix que Nous aurions baisé, l'aspersoir avec de l'eau benite, dont aprés avoir pris, Nous en aurions donné par

D

aspersion ausdits Religieux & à toute l'assistance. Ensuite dequoy ledit Gardien Nous ayant presenté de l'encens à benir Nous auroit encensé de trois trais, & entonné le *Te Deum*, les autres Religieux continuant de le chanter & Nous precedans, Nous sommes entrez dans ladite Chapelle, où les mêmes Religieux auroient chanté l'Antienne *Sacerdos & Pontifex*; laquelle Antienne estant finie, led. Gardien auroit dit les Oraisons *Deus humilium Visitator*, *Deus omnium fidelium Pastor famulum tuum Armandum &c*. Estant arrivez prés de l'Autel, Nous Nous serions mis à genoux sur un prie-Dieu couvert d'un tapis à costé du grand Autel, & l'Antienne du Patron ayant esté chantée, Nous serions allé baiser le milieu de l'Autel, & au costé de l'Epitre chanter l'Oraison de S. François Patron, ordonner la benediction solemnelle que les Religieux & les Assistans ont receu à genoux : ce qu'estant fini, Nous aurions fait apporter un Fauteüil d'où Nous aurions expliqué en peu de parolles l'Evangile du jour, & tiré du texte des motifs d'instruction pour tous les Assistans, & de consolation pour lesdits Religieux, apprenant aux uns & aux autres les conditions necessaires pour rendre nos demandes utiles & nos prieres efficaces : aprés quoy sur les requisitions de nostredit Promoteur, Nous aurions fait les Absoutes accoutumées, tant dans ladite Chapelle que dans ledit Cimetiere, procedé à la visite du Tres Saint Sacrement, ledit Gardien Nous ayant remis à cet effet la clef du Tabernacle d'où Nous aurions tiré le Ciboire dans lequel Nous aurions trouvé environ vingt-cinq Hosties ; & duquel Ciboire aprés l'avoir refermé Nous avons donné la benediction, Nous avons procedé ensuite à la visite de la Chaire du Predicateur qui est bien conditionnée, des Chapelles particulieres dont les Autels sont en bon état, les Tombeaux qui sont en icelles, des Confessionnaux, du Cimetiere, & celebré la sainte Messe, à laquelle Nous aurions communié plusieurs personnes. Et parce que Nous avions renvoyé les requisitions que nostre Promoteur avoit à Nous faire jusques à la fin de la Messe, pour n'en pas differer la celebration, laquelle plusieurs Etrangers qui étoient venus de divers lieux du voisinage, pour estre edifiez de l'obeïssance desdits Religieux & de nostre conduite desiroient entendre, nostredit Promoteur se seroit presenté pour Nous requerir de remedier aux choses qui venoient de paroistre dans nostre visite ou defectueuses ou contraires à l'ordre de l'Eglise : Ce faisant qu'il Nous plût ordonner que le Ciboire seroit doré au dedans de la Coupe & les saintes especes renouvellées chaque semaine sur tout en Esté, que l'estoffe de soye qui couvre le dedans de la porte du Tabernacle seroit reparée aux endroits où elle est dechirée, qu'il seroit mis à chaque Confessionnal une Carte des cas reservez, que les ouvertures des cavaux qui sont dans les Chapelles particulieres seroient changées, & mises à l'entrée d'icelles à l'endroit le plus éloigné des Autels, qu'il fut permis ausdits Religieux, suivant leurs demandes de transporter l'Autel qui est dans la Chapelle de saint Joseph au costé droit en entrant, & ordonner que le Cimetiere

D ij

du dehors seroit reculé de vingt pas de la grande porte de leur Chapelle, & separé d'icelle par une muraille à chaux & à sable de hauteur de six pieds, & que du costé qui conduit à la porte du Convent il seroit fait une semblable muraille, afin que le Cimetiere ainsi fermé de tous côtez ne fust plus à l'avenir exposé à aucune profanation, le tout dans trois mois, sous les peines de droit. Nous ayant representé ledit Promoteur n'avoir rien a Nous requerir touchant les Meuriers dont il estoit fait mention dans nôtre Ordonnance du 21. du mois de Septembre dernier, pour s'estre apperceu en la visite que Nous venions de faire, qu'ils avoient esté arrachez: ayant égard aux susdites requisitions & faisant droit sur icelles, Nous avons Ordonné que la Coupe du Ciboire sera dorée en dedans, & la doublure de la porte du Tabernacle changée dans trois mois, à peine d'interdit dudit Tabernacle, que les saintes especes seroient renouvellées dans le temps porté par nos Ordonnances Synodales, qu'une Carte des cas reservez sera mise à chaque Confessionnal au derriere de la place du Confesseur dans quinze jours, que l'ouverture des caveaux qui sont dans les Chapelles particulieres sera changée dans deux mois & mise à l'endroit le plus éloigné de l'Autel aux dépens des Proprietaires avec les permissions requises, à peine d'interdit, & à la charge par lesdits Proprietaires de Nous representer dans le mois les titres qu'ils pretendent avoir pour lesdits Tombeaux, qu'il sera permis ausdits Religieux de changer ledit Autel de la Chapelle saint Joseph, & que le grand Cimetiere qui est audevant de leur Chapelle sera separé par deux murailles conformément aux requisitions dans un an, à peine d'interdit. Finalement nostredit Promoteur Nous auroit requis de vouloir lever la suspension *à divinis* dont Nous avions lié lesdits Religieux le mois de Septembre dernier, sur laquelle requisition & attendu la soumission & l'obeïssance desdits Religieux, Nous aurions levé ladite suspension, permis à iceux de recevoir nos Diocesains à l'assistance de leurs Messes & des Offices divins, de leur donner la Communion, d'ouïr leurs Confessions, & de leur prêcher la parolle de Dieu, aprés toutefois que Nous aurions examiné leur capacité & donné nostre approbation pour la Confession & pour la Predication, si le cas y échet aux particuliers Religieux qui Nous feront presentez par le Gardien. Et d'autant que dans nostredite Ordonnance du vingt-uniéme Septembre Nous avions défendu à nosdits Diocesains, particulierement à ceux de la Ville de Gignac, d'entrer dans la Chapelle desdits Religieux, & d'assister à aucuns Offices, sous peine d'excommunication encourable par le seul fait, estant venu à la connoissance de nostredit Promoteur que quelques particuliers y avoient contrevenu, plutost par ignorance que par aucun mépris de l'ordre de l'Eglise, il Nous requeroit de vouloir donner l'absolution de ladite censure à ceux qui estoient à la porte de ladite Chapelle, & qui la demandoient avec beaucoup de regret de leur faute, protestant d'accomplir la penitence qu'il Nous plairoit de leur prescrire ; ausquels à l'instant & sur leurs demandes Nous aurions donné l'absolution dans les formes portées par le Pontifical Romain, & enjoint pour penitence de s'abstenir pendant trois semaines d'entrer dans ladite Chapelle desdits Freres Mineurs Conventuels, de se tenir à genoux au bas de l'Eglise Paroissiale pendant les trois Dimanches desdites semaines pendant la Messe Paroissiale & le Prône, & dejeuner les Vendredy desdites trois semaines, ce qu'ils ont accepté & promis d'executer de point en point. Ce fait Nous aurions donné nostre Benediction Pontificale, declaré nostre Visite close dans ladite Chapelle, fait la priere ordinaire pour les Morts, & Nous serions retiré dans nostredite Maison d'habitation accompagné des Mesmes Ecclesiastiques, desdits Freres Mineurs Conventuels, des Sieurs Magistrats, Consuls, de plusieurs personnes de condition & de beaucoup de peuple : & de tout ce dessus Nous avons declaré à ceux qui estoient presens que Nous dresserions nostre Procez Verbal, que Nous les pririons de signer avec Nous, ce qu'ils Nous ont promis.

Signé, ARMAND JEAN DE BISCARAS
Ev. de Beziers.

www.ingramcontent.com/pod-product-compliance
Lightning Source LLC
Chambersburg PA
CBHW060526050426
42451CB00009B/1180